*Annette Aurora Sophia Pauly*
*Richte dich auf und sei – Teil 1*

AF716041

E-Mail: aurora-sophia@gmx.net

*Annette Aurora Sophia Pauly*

# *Richte dich auf und sei*

## *Teil 1*

*Rediroma-Verlag*

*Bibliografische Information der Deutschen Nationalbibliothek:*
*Die Deutsche Nationalbibliothek verzeichnet diese Publikation in der Deutschen Nationalbibliografie; detaillierte bibliografische Daten sind im Internet über http://portal.dnb.de abrufbar.*

*ISBN 978-3-98527-878-7*



*Umschlagillustration: ARIZ ABBAS (shutterstock.com)*



*www.rediroma-verlag.de*
*10,95 Euro (D)*

# *Ein Morgenmantra*

*Denke drei Mal vor dem Aufstehen*

*Licht - Liebe - Leben*

*Freude - Frieden*

*Gelassenheit - Freiheit*

*GEWIDMET*

*Hans–Peter Michael*
*OZEAN DER QUALITÄTEN*

*Anna–Marcia & Florian*

*Alija–B. Joel & Bianka*

*Leon–N. Joel*

*Udo Günter*

*»Der Mensch (...)*
*Er wird umgarnt*
*von den Gegenständen*
*der Sinneswahrnehmung*
*wie die Raupe*
*von den Fäden der Puppe«*

*Quelle:*
*Shankara,*
*Kleinod der Unterscheidung,*
*Scherz Verlag*
*S.39*

## Bemerkenswerte Aussagen von Pfarrer Thomas Frings Erzbistum Köln

☆☆☆

1. Gott funktioniert nicht – deswegen
glaube ich an ihn

2. Jetzt kommt die Zeit der
Aufrichtigen
des Einzelnen
mit all seinen Fähigkeiten

3. Ich wünsche mir, dass wir
realisieren
Minderheit zu werden

4. Wir müssen als Minderheit lernen
von unserem Glauben anders zu
sprechen, als zu einer Zeit
in der mehr oder weniger alle ihn
teilten

*5. Es gibt einen Bedeutungsverlust vom in der Kirche gelebten Glauben*

*6. Ich bin nur ein Hemmschuh auf dem Weg der Kirche in die Bedeutungslosigkeit*

*7. Wir bedienen zu viele Traditionen und wecken zu wenig Sehnsüchte*

~

*»BAHNT DEN WEG IN EINE NEUE ZEIT«*

*Quelle: Aufruf der badischen Landeskirche beim evangelischen Kirchentag Köln 2019*

# *Inhalt*

# Vorwort

☆☆☆

Dieses Buch
Auseinandersetzungsimpuls
Erinnerungsruf
Verwirklichungsanstoß
auf Augenhöhe mit jedem
der **guten Willens** ist

nicht
Besserwisser
sondern Rufer mil Nachhall
im Raum des bereits Gewussten

Für alle
im Schlaraffenland Verlorenen

Für alle
die durch die Vielheit der Möglichkeiten
eine tiefgreifende Unentschlossenheit
erfahren

*Für alle*
*in Ungerechtigkeit Verlorenen*

*Für alle*
*in Not, Krieg und Elend Verlorenen*

*Für alle*
*die sich am Abgrund der völligen*
*Verzweiflung*
*und Desorientiertheit befinden*
*und die trotz allem*
*täglich bemüht sind*
*in ihrem Herzen offen*
*und guten Willens zu bleiben*

~

*Die folgenden Verse versuchen, den Blick der Leserschaft auf das Innere zu lenken, sodass diese sich unmittelbar angesprochen fühlt und die Dringlichkeit einer Auseinandersetzung mit dem Thema der Texte erkennt.*

*Sie sind teils aus einer allgemeinen Perspektive verfasst, in die Leser*innen sowie die Autorin selbst mit eingeschlossenen sind.*

*Häufig bilden die Gedichte in ihrem Verlauf eine stufenweise Erkenntnis nach, wodurch bei den Leser*innen die emotionale Erfahrung entstehen soll, sie selbst dringen aktiv sukzessive in höhere Einsichten vor.*

*Es handelt sich hier um eine spirituelle Schrift mit bewusst praktischer Orientierung.*

~

## *Einführung*

*In der Tiefe, das heißt, ohne den Außenkreis der Zeitwahrnehmung der Einflüsse, Prägungen, Lebensformen und Lebensgestaltungen, lässt sich der gemeinsame Urgrund des überaus Lichtvollen bis hin zum abgrundtief Schlechten und Bösen seit jeher erkennen als Ausdrucksformen derselben Energie.*
*»Es gibt nichts Neues unter der Sonne«, sagte bereits Salomo im Alten Testament.*

*Das vorliegende Buch will hier anknüpfen und erinnern an scheinbar „vergessenes" Wissen, welches wohl in der Welt, aber in den modernen Gesellschaften überwiegend nicht bewusst präsent ist.*
*Das Präsentmachen soll für alle, die innerlich auf der Suche* ***und guten Willens*** *sind, Chance und Bereicherung für ihr Leben sein.*

*Die dabei angewandte Form und Sprache sollen helfen, es dem/der*

Leser*in zu vereinfachen, das hier zum Ausdruck gebrachte zu hinterfragen, zu diskutieren, zu verwerfen oder aber daraus entstehende persönliche Erkenntnisse, welche hilfreich erscheinen, in das eigene Leben und Handeln zu integrieren.

Krieg, Streit, Irrungen und Wirrungen, Erfindungen und Umbrüche und zugleich alle menschliche Erkenntnis und Erleuchtung entstehen aus dem bewussten Denken – mehr noch, aus dem kollektiven Unbewussten **aller** Menschen.
Die Summe dieses kollektiven, sich fortlaufend verändernden, positiven wie negativen, menschlichen Denkens, wie auch des bewussten und auch des unbewussten und intuitiven Handelns der Gesamtheit aller Völker, bringt unter anderem die überwiegend bedrohlichen Umstände hervor, in denen wir uns als Weltgemeinschaft gerade befinden.
In seinem weisen Sehen betont z.B. Jesus daher besonders den guten Willen.

*Er spricht von denen,* ***die guten Willens sind****, denn positives Denken und daraus hervorgehendes, hilfreiches und aufbauendes Handeln hat nicht nur, aber wesentlich mit eigenem* ***Willen*** *zu tun.*

*Auch die im Letzten große Suche aller denkenden Wesen nach dem Urgrund, dem Erkennen und Innewerden der Energie, die alles, was ist, zusammenhält, bedarf eines guten Willens.*
*Denn hier hilft kein Tun im Außen und kein oberflächlicher Aktivismus, sondern bewusstes Innehalten ist notwendig, um das* ***Horchen nach innen*** *möglich zu machen und ausweiten zu können, welches seinerseits den Weg zu der Erkenntnis ebnet, dass alles, was ist, in tiefer Logik ineinander verwoben ist und auseinander hervorgeht.*
*Diese Evolution des Horchens nach innen, welche in gleichem Maße auch ein neues Außen hervorbringt,*
*steht und fällt mit unserem Willen, grundlegend konstruktiv denken zu* ***wollen****.*

*Dieses Wollen wiederum ist die Grundvoraussetzung dafür, eine Vorstellung von >Reinheit< entwickeln zu können, die notwendig ist, um innen wie außen neue, für alle lebenswerte Bedingungen hervorzubringen.*

## *Vom rechten Sehen*

☆☆☆

*Zuerst*
*kommt das Glotzen*
*danach*
*kommt das Wahrnehmen von*
*Zusammenhängen*
*darauf*
*kommt das Sehen von Hintergründen*
*sodann*
*kommt das Betrachten des voneinander*
*abhängig seins*
*hierauf*
*kommt das Erfassen von dem, was*
*scheinbar ist*
*zuletzt*
*kommt die Erkenntnis der Essenz*
*dessen, was in Wahrheit ist*

*durch diese Offenbarung*
*kommt Ruhe*
*mit der Ruhe kommt Frieden*

*mit dem Frieden*
*kommt erkennendes Sehen und Handeln*
*in Liebe*
*ohne Ende*

~

## *Vom inneren Erfassen*

☆☆☆

*Durch Gier und Anhaften*
*erkennst du Loslassen*

*Durch Leiden*
*erkennst du echte Freude*

*Durch Schmerz*
*erkennst du Heilsein*

*Durch Zwang*
*erkennst du Freiheit*

*Durch Achtlosigkeit*
*erkennst du Zuwendung und Einfühlung*

*Durch Verachtung*
*erkennst du Würde*

*Durch Würde*
*erkennst du Toleranz und*
*Barmherzigkeit*

*Durch Barmherzigkeit*
*erkennst du Liebe*

*In der Klarheit der Liebe*
*erkennst du das Sein*
*bis in die Tiefe*

*Daher sagt die Bibel*

*»SEID DANKBAR IN ALLEN DINGEN«*

~

## *Von der Lüge und der Gier*

☆☆☆

*Lüge und Gier*
*sind eng miteinander verwoben*
*mit allen sich daraus ergebenden*
*Verstrickungen und Leiden*

*meide daher, wenn möglich*
*solche schädlichen Einflüsse*
*und befreie dich*
*durch ein schrittweises Loslassen*
*deiner eigenen Gier*
*was einer konstanten*
*inneren Wachsamkeit bedarf*
*damit deine Seele*
*bestimmungsgemäß*
*schwingen kann*
*im unermesslichen Raum*
*von Weisheit und Freiheit*

~

# Vom Erkennen

★★★

Auf der ersten Ebene
erkennst du
durch be-greifen

Auf der zweiten Ebene
erkennst du
durch Verstehen und Wissen

Auf der dritten Ebene
erkennst du
die Dialektik
die allem, was ist
immanent ist

auf der vierten Ebene
erkennst du
durch Weisheit
wie unermesslich Liebe ist

~

# Von der Weisheit

☆☆☆

Sehen können
dass jemand Opfer seiner Gedanken und
Taten ist
und andere mitreißt

Sehen können
dass und warum jemand vorsätzlich
schädlich
das heißt böse handelt

Sehen können
dass und warum jemand seine
eigentlichen Begabungen nicht lebt
Und dann helfend zur Seite stehen auf
dem Weg zur Befreiung
so gut man es vermag
das ist praktizierte Weisheit
in Liebe

~

## *Von den notwendigen Erscheinungen*

☆☆☆

*Finsternis*
*ist die notwendige Erscheinung*
*für die Bewusstwerdung von Licht*

*Trauer*
*ist die notwendige Erscheinung*
*für die Bewusstwerdung von Glück*

*Hass*
*ist die notwendige Erscheinung*
*für die Bewusstwerdung von Liebe*

*Verzweiflung*
*ist die notwendige Erscheinung*
*für die Bewusstwerdung von*
*Hoffnung*

*Unwissenheit*
*ist die notwendige Erscheinung*
*für die Bewusstwerdung von Weisheit*

*Empathielosigkeit*
*ist die notwendige Erscheinung*
*für die Bewusstwerdung von*
*Achtsamkeit*

*Lüge*
*ist die notwendige Erscheinung*
*für die Bewusstwerdung von Wahrheit*

*Entsetzen*
*ist die notwendige Erscheinung*
*für die Bewusstwerdung von verstehen*
*und erfassen*

*Ich–sucht*
*ist die notwendige Erscheinung*
*für die Bewusstwerdung von*
*Selbstlosigkeit*

*Aggression*
*ist die notwendige Erscheinung*
*für die Bewusstwerdung von Frieden*

*Unrast*
*ist die notwendige Erscheinung*
*für die Bewusstwerdung von*
*Gelassenheit*

*Gier*
*ist die notwendige Erscheinung*
*für die Bewusstwerdung von Loslassen*

*Überhöhte Selbstwahrnehmung*
*ist die notwendige Erscheinung für die*
*Bewusstwerdung von Demut*

*Daher steht geschrieben*

*»SEID DANKBAR IN ALLEN DINGEN«*

~

## *Vom Innen und vom Außen*

☆☆☆

*Klammert euch nicht*
*an das, was außen ist*
*an euer Äußeres*
*denn eure Einsicht*
*eure Freude und eure Liebe*
*kommen von innen*

*Habt Mut*
*und taucht hinab in euer*
*tiefes inneres Meer*
*dorthin*
*wo eure Intuition sich befindet*
*und holt diese unermessliche Kraft*
*an die Oberfläche*
*durch aufmerksame*
*innere Konzentration und Ausdauer*
*zum Segen für alle*
*die um euch sind*

~

## Vom äußeren und vom inneren Wissen

☆☆☆

Äußeres Wissen
lässt dich agieren
lässt dich erfolgreich handeln
lässt dich andere benutzen
lässt dich anderen helfen
lässt dich andere betrügen

Inneres Wissen
führt zu Ruhe und Weisheit

Inneres Wissen
ist die tiefe Erkenntnis des
Zusammenhangs
aller Erscheinungen
die Erkenntnis
dass dich das Unwesentliche festhält
und verführt
und dir die Wahrnehmung
des Wesentlichen verwehrt

*daher*

*trainiere deine innere Wachsamkeit*

~

## *Von den Bildern*

☆☆☆

*Bilder*
*die du machst*
*oder*
*die du dir von etwas machst*
*verführen dich zum Anhaften*
*zum Festhalten*
*wo es in Wahrheit*
*nur andauernde Bewegung*
*das Im-Fluss-sein*
*die dauernde Veränderung gibt*

*»DU SOLLST DIR KEIN BILDNIS MACHEN«*
*heißt es daher in den Heiligen*
*Schriften*

*Richte deine bewusste Aufmerksamkeit*
*und Achtsamkeit nicht*
*auf das Festhalten von Bildern*
*sondern auf den Moment*
*auf das Jetzterleben*
*und wende alles überall*
*stets zum Guten*
*soweit es in deiner Macht steht*

*Eine wichtigere Aufgabe im Leben*
*gibt es nicht zu erfüllen*

~

## Vom Idealismus

☆☆☆

Wenn ihr
den Idealismus
durch technokratisches Denken
durch Ernüchterung
und Profitgier zerstört
zerstört ihr
geistigen Reichtum
und geistige Freiheit

Ohne Freiheit sind aber
alle Errungenschaften
nichts wert

Achte daher
sehr genau darauf
welchen Gedanken du Raum gibst und
welche Gedankenimpulse du in
Handlungen umsetzt
damit du nicht für dich selbst
und für alle
schädliche Wege beschreitest

~

## *Von der Kultur*

☆☆☆

*Kultur ist*
*eine aus der Tiefe*
*einer Volksgemeinschaft*
*langfristig gewachsene Veredelung*
*des Denkens und des Verhaltens*
*und grundsätzlich*
*Ausdruck von Menschsein*
*Wenn wir*
*diesen unterschiedlichen Veredelungen*
*nicht*
*mit hohem Respekt*
*und großer Achtung*
*gegenübertreten*
*und sie als wertvollste Errungenschaft*
*betrachten*
*vor allem anderen*
*und wir nicht*
*unseren wichtigsten Auftrag*
*darin sehen*
*und aktiv dazu beitragen*

diese Veredelungen
durch tiefes gegenseitiges Verstehen
und hohe Einfühlung
zu bewahren
fallen die Menschen der Völker
in geistige Finsternis
und Verwirrung zurück
mit all ihren Begleiterscheinungen
in eine Entfesselung von Gewalt
und völliger Verrohung
in Orientierungslosigkeit und Chaos
in unvorstellbarem Maße

Daher
richte täglich zuerst
deine innere Kraftanstrengung
auf die Bewahrung
des kulturell Erreichten
auf der ganzen Welt

~

## *Von der Liebe und den Vorschriften*

☆☆☆

*Regeln*
*Gesetze*
*Vorschriften und Urteile*
*entstehen durch unser Denken*
*In dem Maße*
*wie wir starre Regeln aufstellen*
*blockieren wir den eigenen Fluss der Liebe*

*Liebe*
*ist aber die Grundlage von Freiheit*

*Liebe und Freiheit*
*sind die Grundlage für Erkenntnis*

*Eine Gesellschaft*
*der ihre Grundlage für Erkenntnis*
*abhandengekommen ist*
*ist in größter Gefahr*
*denn*

*sie ist in höchstem Maße*
*beeinflussbar und verführbar*

*Beobachte daher aufmerksam*
*was du in deinem Denken vorfindest*

~

# Vom Sein und vom da–sein

☆☆☆

Es ist nicht wesentlich
durch wen
jemand in diese Welt kommt
Wichtig ist
dass er ist
und dass er da ist
Jedes Lebewesen
welches in diese Welt eintritt
ist eine Bereicherung
für die ganze Welt
Und jedes Lebewesen
welches diese Welt verlässt
ist ein Verlust
für die ganze Welt
Halte dieses Wissen
fest in deinem Bewusstsein
und in deinem Fühlen
und sei achtsam gegenüber allem
und jedem

~

## *Von der geistigen Klarheit*

☆☆☆

*Bedenke*
*wenn einer*
*um geistige Klarheit ringt*
*und auf diesem Weg weiterkommt*
*kommen alle in ihrer geistigen Klarheit*
*indirekt ein Stück weiter*

*Wenn einer absinkt*
*sinken alle ein Stück ab*

*Wenn viele absinken*
*sinken die meisten in eine Form*
*der inneren Verwirrung*

*Wenn annähernd alle absinken*
*sinken so gut wie alle*
*in eine Form*
*der geistigen Dunkelheit*
*mit all ihren Konsequenzen*

*Daher*
*bemühe dich ständig*

*und mit aller Kraft*
*um die Klarheit*
*deines eigenen Geistes*
*indem du dir täglich*
*deiner großen inneren Potenz*
*und deiner Verantwortung*
*bewusst bleibst*

~

# Von der Hölle

☆☆☆

*Die Hölle ist Gier*
*Gier macht dich empathielos*
*rücksichtslos und habsüchtig*

*Gier lässt dich zutiefst leiden*
*im Nichterfülltsein*

*Gier lenkt deine Energie auf Dinge*
*die im Spannungsbogen*
*zwischen Geburt und Tod*
*keine Bedeutung haben*

*Gier lässt dir Dinge als Traumziel*
*als höchste Befriedigung erscheinen*
*die dauerhaft keine Befriedigung geben*
*können*

*Halte daher kurz inne und versuche*
*deine Bewertung der Dinge*
*von deinem Tod her zu denken*

~

## *Vom Reinen*

☆☆☆

*Das Reine in dir*
*ist nie laut*
*nie aufdringlich*
*nie selbstbespiegelnd*
*nie jähzornig*
*nie abweisend*

*Das Reine in dir*
*ist immer leise*
*immer abwartend*
*immer geduldig*
*immer empathisch*
*immer freundlich*
*immer offen*

*Du trägst das Reine bereits in dir*

*Suche es*

~

## Von der Welt

☆☆☆

Die Welt
kommt aus unserem Inneren
sie wird geboren
aus unserem Denken
und unserer Wahrnehmung
aus unseren Erfahrungen
und Empfindungen
aus unseren Bewertungen
und Handlungen

Ohne dieses Zutun
ist die Welt in ihrer
aus sich selbst vollziehenden Ordnung
ohne weiteren Anspruch
ohne weitere Bedeutung
lediglich in ihrem Sosein

Sei dir dessen bewusst
und nimm dies wahr
um achtsam zu handeln

~

## *Von der Observation*

☆☆☆

*Die lückenlose Überwachung*
*ob staatlich oder digital*
*hat in ihrer Wirkung*
*eine scheinbare Ordnung*
*nicht getragen*
*vom Willen der Einzelnen*
*sondern von*
*flächendeckend angewandten Zwängen*

*Diese erzeugen beim Einzelnen*
*eine schleichende Lähmung*
*der Selbstwirksamkeit*

*Er agiert nicht*
*obwohl es so erscheinen mag*
*sondern er re–agiert nur*

*Das bedeutet Selbstentfremdung durch*
*fremdbestimmt sein*
*Wurzellosigkeit*
*Orientierungslosigkeit*
*Willenlosigkeit*
*Objekthaftigkeit*

*ausgeliefert sein allem und jedem*

*Daher*

*»WEHRET DEN ANFÄNGEN«*

*indem ihr euch täglich*
*diese Wirkung bewusst macht*
*und euch auf eure eigene*
*geistige Omnipotenz besinnt*

~

## *Von der Gier*

☆☆☆

*Gier*
*ist in allem, was lebt*
*zutiefst angesiedelt*

*Gier führt*
*zu Neid und zu Betrug*

*Gier führt*
*wenn ihre Existenz nicht*
*ins eigene Bewusstsein gerufen wird zu*
*Empathielosigkeit und*
*Mitleidsunfähigkeit*

*Gier*
*führt zu Machthunger*
*und Unterdrückungswut*

*Gier*
*führt zu Hass und Gewalt aller Art*

*Gier*
*führt zu Mord*
*und zu schrecklichen Kriegen*

*Gier hört nicht auf*
*sondern wächst stetig*

*Befreiung*
*vom Korsett deiner eigenen Gier*
*erreichst du vor allem*
*durch dein tägliches Besinnen darauf*
*wofür du dankbar bist:*

*deinem Leben - anderen Menschen oder*
*Lebewesen - Umständen - Ereignissen ...*

*Die Betrachtung deiner Endlichkeit*
*zeigt dir*
*dass besitzen dich bindet*
*und nicht frei sein lässt*
*sie lehrt dich*
*dass deine Zuwendung zu anderen*
*und Gemeinschaftsbildung*
*wesentlich größere Bedeutung haben*

~

## *Von der Macht*

☆☆☆

*In Wahrheit ist Macht*
*jedem >Selbst< immanent*
*welches die Verbindung ist zwischen*
*der Realität der Materie*
*und der Wirklichkeit des Geistes*

*Dein Wesenskern*
*trägt in Wahrheit die Weisheit*
*aus Äonen von Jahren in sich*
*Er ist omnipotent*

*Dagegen ist Macht*
*welche das >Ich< erlangt*
*lediglich scheinbare Macht*
*die der Vergänglichkeit unterliegt*
*geboren aus äußeren Konstellationen*
*und all den Eigenschaften*
*die dein >Ich< ausmachen*
*nicht aber dein >Sein< berühren*
*welches Teil des All–seins ist*

~

# Von der Wahrnehmung

☆☆☆

Nehmt euch gegenseitig
von innen her wahr
Nehmt euch wahr
in eurer Übereinstimmung
in eurem Gleichklang

Äußeres ist unerheblich
für euer inneres
Gemeinschaftsempfinden
für euer gegenseitiges Verständnis
für eure Einsicht
für euer Glück

Harmonie heißt
die gleiche Schwingung haben

Versucht daher, jeden Tag neu
die Konzentration
auf verbindende Kräfte zu richten
nicht auf zufällig
entstandene Eindrücke
Bilder und Wünsche

~

## *Von der Ego-zentrik und der Machtgier*

☆☆☆

*Der Ego-Konzentration*
*der Ego-Zentriertheit, der Egozentrik*
*dem völligen Bezogensein*
*auf sich selbst*
*ebenso dem Macht-Hunger*
*der Macht-Gier*
*dem rücksichtslosen sich*
*ausbreiten wollen auf andere*
*wohnt eine tiefe Ohn-Macht*
*eine tiefe Angst inne*
*die Kontrolle zu verlieren*
*ohne Macht*
*ohne Kontrolle zu sein*

*Der Weg diese Angst aufzulösen*
*führt über die*
*bewusste Wahrnehmung*
*der eigenen großen Weisheit*
*die jedem Wesen*
*immanent gegeben ist*

*Entscheidend ist*
*sich täglich dem eigenen Guten*
*dem eigenen inneren Licht*
*zuzuwenden*
*damit es das Negative überwiegt*
*um so die eigene Weisheit*
*hervorzubringen*

*Es bedarf eines*
*ausdauernden Bemühens darum*
*und ist zu vergleichen mit dem*
*mühevollen Erklimmen*
*eines hohen Berges*

~

## *Von der Achtung*

☆☆☆

*Achtet ganz besonders die*
*welche leiden*
*denn sie tragen unsere Unachtsamkeiten*
*und unsere Unbewusstheit*
*sie sind die Basis*
*für unsere innere Entwicklung*

*Indem wir ihre Leiden*
*bewusst mitfühlen*
*erkennen wir*
*innere Zusammenhänge*
*in der Tiefe unserer Seele*
*als Anfang von Liebe und Weisheit*

~

# Vom rechten sich Sammeln

☆☆☆

*Lass dich nicht abdrängen*
*vom >Innen<*
*durch das >Außen<*

*Bleibe in dir fest*
*»...no matter what is going on*
*around you...«*

*sagt der Dalai Lama*

*Übe in ruhigen Zeiten*
*z.B. wenn du Blätter*
*im Wind rauschen hörst*
*deine eigene Sammlung nach innen*

*Schließe die Augen und sieh dein*
*eigenes inneres Licht vor dir*
*welches dich mit allem*
*was lebt verbindet*
*damit du in stürmischen Zeiten*
*fest bist und sicher*
*wie ein Fels in der Brandung*
*oder eine Schildkröte in ihrem Panzer*

~

# Von der Freiheit
# und dem Leiden

☆☆☆

Leiden
entsteht durch festhalten

Der Schlüssel
zur Verringerung des Leidens
ist loslassen

Übe dich darin
bewusst wahrzunehmen
um die Dinge nach und nach
loslassen zu können

Sage dir selbst immer wieder
>loslassen<
überall und dauernd wieder

Loslassen bedeutet
frei sein

~

## *Von deinem Denken und deinem Glauben*

☆☆☆

*Alles Hässliche*
*ist eine Erscheinung*
*in deinem Bewusstsein*

*Alles Schöne*
*ist eine Erscheinung*
*in deinem Bewusstsein*

*Es gibt nichts Hässliches*
*außer du glaubst es*

*Es gibt nichts Schönes*
*außer du glaubst es*

*Die Kraft des Glaubens*
*ist deine stärkste Kraft*

*Was du glaubst*
*formt deine Welt*

*Deshalb*
*achte genau darauf*
*was du glaubst*

~

## Vom gestörten Geist
## und vom Heilsein

☆☆☆

Heil sein
ist Omnipotenz
alles andere
ist eine Form
der Störung des Geistes

Diese Störung
ist >die Sünde<

>Sünde< ist
gegen sich selbst handeln

Im Buddhismus spricht man daher
vom Arbeiten mit dem Geist
weil du dir
diese deine Omnipotenz
zurückerobern sollst
auf dem Weg
der ACHTSAMKEIT

»Das Himmelreich ist wie ein Nadelöhr«
sagt Jesus

*Mit großer Genauigkeit*
*musst du dich und dein Handeln*
*dauerhaft beobachten*

*Omnipotent sein heißt nicht*
*Macht haben über andere*

*Es heißt*
*heil werden in sich selbst*
*und ist Liebe in reiner Form*

~

# Von den Bewusstseinsebenen

☆☆☆

Wer nur in seinem Körper da ist
weiß nicht, wer er ist

Wer stark in der Emotion
verankert ist
ist verletzbar
angreifbar
traumatisierbar
durch die starke Bewegung
im Auf und Ab des Lebens

Wer sich stetig bemüht
in seinem Geist zu sein
wird unerschütterlich
fest und klar werden

Er erkennt seine große innere Weite
die lichtdurchflutet ist
und wird mit der Zeit unerreichbar
von allem
was von außen geschieht

*Wer so mit Ausdauer*
*nach sich selbst sucht*
*wird sich finden*

~

## *Von der Friedfertigkeit*

☆☆☆

*Ist es*
*Friedfertigkeit*
*oder Desinteresse?*
*Ist es*
*Friedfertigkeit*
*oder Verachtung?*
*Ist es*
*Friedfertigkeit*
*oder Bequemlichkeit?*

*Echtes Friedfertigsein*
*erwächst aus der tiefen Erkenntnis*
*dass alles auseinander hervorgeht*
*dass sich alles*
*in Gegenseitigkeit bedingt*
*dass alles*
*im Letzten ein Ganzes ist*
*Friedfertigkeit ist daher*
*vor allem*
*Vergebung*

~

## *Von den Religionen und Weltanschauungen*

☆☆☆

*Alles, was trennt*
*oder sich bemüht zu trennen*
*ist nicht in der Wahrheit*
*denn Wahrheit eint*

*Achte daher auf*
*das Einende in dir selbst*

*So kommst du*
*deinem eigenen Wesenskern näher*
*und du erlangst*
*die innere Gewissheit*
*dass vom Grunde her*
*alles eins ist*

~

# Von der Erleuchtung und den Zwiebelschichten

☆☆☆

Jedes Lebewesen trägt
die Allwissenheit
die Erleuchtung
ursprünglich in sich

Sie ist jedoch von Schichten
der Unbewusstheit
und Ablenkung aller Art
umhüllt
vergleichbar mit
den Schichten einer Zwiebel

Die, welche im Ruf stehen
erleuchtet zu sein
haben diese Schichten abgelegt
und haben sich bewusst
dem Wohle aller Wesen verschrieben

Ihre >Mantras< sind
aus der Weisheit geborene Silbenfolgen
welche uns helfen

*„unsere Zwiebelschichten"*
*Stück für Stück abzulegen*
*damit unser lichtvoller Kern*
*unsere Allwissenheit*
*hervortreten kann*
*und unsere ursprüngliche Omnipotenz*
*zum Vorschein kommt*

*Die, welche im Ruf stehen*
*erleuchtet zu sein*
*haben bewusst entschieden*
*ihre ganze Lebensenergie*
*ihr gesamtes Denken und Handeln*
*einzig für das Wohlergehen aller*
*einzusetzen*

*Daher steht geschrieben:*

*»AN IHREN TATEN*
*WERDET IHR SIE ERKENNEN«*

~

# Von den Selbstbildern der Menschen

☆☆☆

Selbstbilder
entstehen durch eigenes Denken
durch Handlungen und Umstände
und durch Einflüsse aller Art

Wir alle wirken so
an den Selbstbildern
der anderen mit

Daher:
Achte du selbst genau darauf
was du über andere denkst
was du sagst
und wie du dich verhältst

Versuche dir dabei jeden Tag
bewusst zu machen
dass alle Menschen
welche dir begegnen
die Potenz zur Vollkommenheit
in sich tragen

*Denke also immer groß*
*und in tiefer Achtung*
*von ihnen*

~

## Vom Guten

☆☆☆

Du musst das Gute wollen

>wollen< heißt
jeden Tag dieses Ziel
klar vor Augen haben

jeden Tag dich bewusst
dafür entscheiden

jeden Tag deine Ausdauer
gegen innere und äußere Widerstände
stellen

jeden Tag dir
die Benennung des Guten
vornehmen und bewusst machen
mit den folgenden Begriffen

Licht - Liebe - Leben
Freude - Frieden
Gelassenheit - Freiheit

*Wähle jeden Tag mit Bedacht*
*wofür du dich heute entscheidest*

*denn*
*es gibt nur*
*entweder - oder*

*nicht*
*sowohl - als auch*

~

## *Vom Geben*

☆☆☆

*Etwas geben*
*etwas mehr geben*
*von dir geben*
*dich geben*
*löst dein ego-zentrisches Klammern*

*Es macht dich*
*f r e i*

*Deshalb ist geben lernen*
*ohne Verpflichtung*
*ohne Zwang*
*so wichtig*

*gib erst einen Apfel*
*von einer Hand in die andere*
*beginne, kleine Dinge zu teilen*

*gib irgendwann jemandem*
*ein kleineres Geldstück*

*gib später jemandem*
*ein größeres Geldstück*

*gib jemandem etwas*
*was du gerne hast*

*gib jemandem etwas*
*was du sehr gerne hast*

*baue auf …*

~

## *Von der Wahrnehmung*

☆☆☆

*Es kommt nicht darauf an*
*was ist*
*sondern darauf*
*was davon*
*in deiner Wahrnehmung ankommt*
*denn dies allein ist deine Welt*

*Deshalb*
*sei zurückhaltend*
*wenn du von dem sprichst*
*was ist*

*sei zurückhaltend*
*wenn du von dem sprichst*
*was die Zusammenhänge sind*

*sei zurückhaltend*
*wenn du von dem sprichst*
*was die Wahrheit ist*

*Denn alles*
*was du sagst und tust*
*kommt allein*
*aus deiner Wahrnehmung*
*nicht aber aus dem*
*was ist*

~

## *Von der Kunst der Pädagogik*

☆☆☆

*Nicht Regellosigkeit und laissez–faire*
*sondern äußere Rahmenbedingungen*
*und Regeln*
*ohne*
*einzuengen*

*Wahrhaftige, aufbauende Leitbilder*
*ohne*
*zu zwingen*

*Möglichkeiten*
*ohne*
*zu bewerten*

*Wissen vermitteln*
*ohne*
*zu indoktrinieren*

*bringt eine freie innere Entfaltung*
*mit unzähligen Möglichkeiten*
*in großer Vielfalt hervor*

~

## Von der Vergebung

☆☆☆

Wenn du nicht loslässt
fühlst du Unzufriedenheit

Wenn du unzufrieden bist
haderst du mit vielem

Wenn du haderst
blockierst du deinen Energiefluss

Wenn deine Energie blockiert ist
beschneidet es deine Möglichkeiten

Du wirst schwächer und blasser
anstatt strahlend und groß

Daher ist loslassen
von zentraler Bedeutung

Loslassen von Vorstellungen
bedeutet
verstehen und vergeben

*Und alles in unserer Wirklichkeit*
*braucht unsere Vergebung*
*weil alles unvollkommen ist*

~

## *Vom segensreichen Willen*

☆☆☆

*Bereit sein am Morgen*
*sich dem Hellen*
*dem Freundlichen*
*dem Lichtvollen zuzuwenden*
*ist segensreicher Wille*

*Negatives abprallen lassen*
*und das Innere*
*mit kleinen Freuden füllen*
*ist segensreicher Wille*

*Die Gefühle im Alltag*
*nicht negativ eskalieren zu lassen*
*sondern*
*innere Ausgeglichenheit*
*als wertvollstes Gut erkennen*
*sie zu fühlen und zu leben*
*ist segensreicher Wille*

*Das nicht Nachlassen*
*im Bestreben, Gutes und Segensreiches*
*im Alltag Wirklichkeit werden zu lassen*
*ist segensreicher Wille*

~

## *Von den Religionen*

☆☆☆

*Mit den Religionen ist es*
*wie mit dem Mondlicht*
*welches durch die verschiedenen*
*Wolkenformationen strahlt*

*Mal blitzt es*
*durch die verschiedenen Wolkenbilder*
*mal strahlt es in völligem Glanz*
*mal gar nicht*

*Jedoch*
*es ist immer dasselbe Licht*

*Die Religionen*
*sind die verschiedenen*
*Erscheinungsformen*
*durch die geistiges Licht erstrahlt*

*Innere Erleuchtung ist in allen*
*Religionen dasselbe Licht*

*Wer sie erlebt*
*braucht keine äußere Macht*
*braucht das Gebäude einer Religion*
*nicht mehr*

~

# Vom Wesen der Macht

☆☆☆

*Macht ist auf der ersten Ebene*
*ein erworbenes*
*vordergründiges Konstrukt*
*mit all seinen Konsequenzen*

*Auf einer zweiten Ebene*
*ist dieses Konstrukt*
*in seinem ganzen Gebilde*
*nicht existent*
*das heißt absolut wirkungslos*

*Dort ist nur >Sein<*

*Wahre Macht*
*entsteht nicht aus Erworbenem*
*sondern*
*sie ist bereits vorhanden*
*im >Sein< aller Lebewesen*

*Sensibilisiere daher täglich*
*deine innere Wahrnehmung*
*für die zweite Ebene*

*Sie ist nur im*
*Nicht–Denken*
*erfühlbar*

~

## Vom Positiven und vom Negativen

☆☆☆

*Das Positive besiegt das Negative*
*wenn es standhält*

*Wasser ist stärker als Stein*
*wenn es ausdauernd fließt*

*Liebe ist stärker als Hass*
*wenn sie nicht aufgibt*

*Daher lautet der wichtigste Satz:*

*»Never give up*
*no matter, what's going on*
*around you –*
*Never give up!«*

*zugeschrieben dem XIV Dalai Lama*

~

# Vom Sein

☆☆☆

Vom Grunde her
bist du heil
licht- und kraftvoll
Im tiefsten Grunde deines Seins
bist du omnipotent

Die Wirklichkeit
die du wahrnimmst
entsteht in deinem Denken
Daher betrachte täglich
von innen her
deine tiefe Kraft
und fühle sie
morgens beim Erwachen
und abends beim Einschlafen

Erziehe dich selbst dazu
diese Kraft jeden Tag
ohne Anlass wahrzunehmen
und sie trotz allem
was geschieht und dich umgibt
von innen her zu fühlen

*So wird sie wirksam werden*
*und zum Guten verändern*

~

# *Von der Egozentrik*

☆☆☆

*Wenn der Mensch ego-zentriert denkt*
*verliert er die übergeordnete Schau*
*und*
*er versinkt*
*im selbstsüchtigen Habenwollen*

*>Haben< ist aber*
*das Gegenteil von >Sein<*

*>Sein< kommt nicht vom Denken*
*>Sein< ist tiefer als denken*
*und hat daher das Denken*
*nicht nötig*

*Bewusstes Sein*
*haben vom Grunde her*
*alle Lebewesen*
*auf ihre jeweils ganz eigene Art*

*Auf geheimnisvolle Weise*
*sind alle Ausdrucksformen des Seins*
*miteinander verbunden*

*Du kannst dies erfühlen*
*wenn du dich dem horchend zuwendest*

*Horchen ist nicht hören*
*Horchen ist*
*mit offener Seele wahrnehmen*

*ohne Denken*

~

# Vom Heilsein

☆☆☆

Im Mikrokosmos deines Daseins
besitzt du
alle Fähigkeiten
des gesamten Kosmos

Dieses zu erfühlen
darum musst du dich bemühen

Was dir dabei hilft
ist >OM<
der Begriff für Vollendung
und >LOSLASSEN<
der Begriff für Freiheit

Denke daher >OM<
beim Einatmen
und >LOSLASSEN<
beim Ausatmen
sooft es dir möglich ist
um deinem inneren Selbst
näherzukommen

~

## Vom Zeitalter

☆☆☆

Tumultartige Erscheinungen
im Zeitalter des Zerfalls
wir fühlen sie
wir sehen sie
wir erleben sie

Die Kehrseite des Zerfalls jedoch
ist die Morgenröte
Wende dich dieser zu
ohne Unterlass

Bleibe in konzentrierter Ausrichtung
denn
alle unsere
technischen Errungenschaften
sind anwendbar und einsetzbar
um Licht
Freude
und tiefe Erkenntnis hervorzubringen

Wende sie im Positiven an
wann immer es dir möglich ist

~

# Von der Reinheit und Freude

☆☆☆

Innere Kraft
das Leuchten von innen her
entsteht aus der Reinheit

Die Wurzel der Reinheit und Freude
liegt in deinem
innersten Seelenkern verborgen

Indem du dich
täglich auf diesen konzentrierst
wird immer mehr reine Freude
in dir aufstrahlen

>Das Böse<
die Blockade dieser Freude
entsteht aus
>Ich-Sucht< und >Hab-Sucht<

Sie umfasst alles
was deine reine innere Freude
lähmt und zerstört

*Du erkennst solche Blockaden*
*an einem Gefühl der Leere*
*und der Trauer*

*Sei daher sehr achtsam*
*und ringe täglich*
*um das innere Sehen*
*deiner ursprünglichen Reinheit*

*Entwickle Standhaftigkeit*
*gegen >das Böse<*
*weil sich unnötiger Besitz*
*und viele deiner Handlungen*
*früher oder später*
*als unnütz und leer*
*erweisen werden*
*und dein innerster Kern*
*deshalb trauert*
*um die fehlgeleitete Energie*

~

# Von der Verehrung

☆☆☆

Gute Vorbilder helfen dir immer
auf deinem Weg
jedoch verehre nicht
denn wenn du jemanden verehrst
glaubst du mehr an jene*n
als an dich selbst

Du gleichst in diesem Moment
einem schlafenden Löwen
der sich seiner eigenen
potentiellen Kraft nicht bewusst ist
und sich daher nicht
veranlasst fühlt
diese wirksam werden zu lassen

Bemühe dich daher täglich
um die wachsende Wirksamkeit
deiner eigenen konstruktiven Kräfte
zum Wohle aller Lebewesen

*und*
*um die Entfachung*
*deiner eigenen tiefen Freude*
*und inneren Energie*

~

## Vom Internet

☆☆☆

Die ganze Welt liegt vor dir
Die ganze Welt ist erreichbar
Die ganze Welt
nimmt Einfluss auf dich
und du selbst auch auf sie

Jedoch
»WAS NÜTZT ES DIR, WENN DU DIE
GANZE WELT GEWINNST; ABER SCHADEN
NIMMST AN DEINER SEELE« sagt Jesus

Daher
achte genau auf die Wirkung
von all dem
was du siehst und hörst und tust

Sei wachsam ohne Unterlass
und stets bemüht mit
all deinen Fähigkeiten
die Gestaltung zum Guten
und Heilsamen voranzutreiben

*für dich und für alle*
*damit Gutes und Heilsames*
*in der Welt sei*

~

# *Von der Dialektik*

☆☆☆

*Ich kann das Helle*
*nur aus dem Dunkeln sehen*

*Ich kann die Freiheit*
*nur aus der Unfreiheit sehen*

*Ich kann das Schöne und Reine*
*nur durch das Hässliche*
*und Böse erkennen*

*Deshalb*
*benutze das Böse und Hässliche*
*um Gutes und Schönes zu gestalten*

*Wende du zum Guten*
*indem du dein Denken*
*und deine innere Wahrnehmung*
*der Vorstellung*
*von einem grenzenlosen inneren Licht*
*zuwendest*
*immer wieder*
*ohne Unterlass*
*so gut es dir möglich ist*

*damit Gutes, Heilsames*
*und Schönes*
*mehr und mehr*
*Wirklichkeit wird*
*in dieser Welt*

~

## Von Wissenschaft und Weisheit

☆☆☆

Wissenschaft ist
was Menschen erkennen
und verwirklichen

Weisheit ist
was aus der Allenergie kommt
der unbegrenzten Energie
welche die Essenz
des Aufbauenden
des Heilenden
des Begleitenden
des Guten in sich trägt

Versuche nicht
mithilfe von Wissenschaft
Weisheit verstehen zu wollen
Sie lässt sich mit Wissenschaft
nicht erfassen

Diese Erkenntnis
ist bereits Weisheit

~

# Vom Be-sitzen

☆☆☆

Be-sitzen heißt
auf etwas sitzen
festhalten

Betrachtet die Symbolik
eures eigenen kostbaren Körpers

Ihr nehmt die Atemluft auf
und gebt sie wieder ab

Ihr nehmt Nahrung auf
und gebt sie wieder ab

Ihr nehmt Ideen auf
und legt sie auch wieder ab

Ihr nehmt Zuwendung auf
und gebt sie weiter

Besitzen bedeutet, dieses Fließen
aufzuhalten und zu blockieren

*Ausdruck des Blockierens*
*kann Trauer und Krankheit sein*
*in allen seinen Formen*

*Bemüht euch daher täglich darum*
*dass ihr nichts*
*und niemanden besitzt*
*sondern in gleichem Maße*
*gebt, wie ihr erhaltet*

*Dieser Kreislauf*
*ist die Wurzel*
*von Heilsein und Glück*

~

## Von der Überhöhung

☆☆☆

Vorbilder sind wichtig
leuchtende Beispiele sind wichtig
bewundern ist wichtig
zur eigenen Wegfindung
als Hilfe zur inneren Ausrichtung

Wenn du aber jemanden überhöhst
ihn idealisierst
dich nicht ebenbürtig fühlst
hast du keine wirkliche Achtung
vor ihr/ihm
sondern du „benutzt" diese Person
um dich nicht
um die Erkenntnis
deiner eigenen Kräfte
bemühen zu müssen

du suchst nicht
du erfasst nicht
du erkennst nicht

*sondern du projiziert deine Wünsche*
*und Träume auf diese Person*
*um der inneren Bequemlichkeit willen*
*Damit handelst du gegen dich selbst*

*Gegen sich selbst handeln*
*ist >Sünde<*
*weil du dir selbst schadest*

*Jesus sagt:*
*»GOTT SIEHT IN DIE HERZEN«*

*und*
*»WER SUCHT*
*DER FINDET«*

~

## Von der Freiheit

☆☆☆

Nur in der Freiheit
kannst du dein innerstes Sosein
ergründen
und die Welt mitgestalten

Deshalb ist frei–sein
wie ein kostbares Juwel
welches von allen
zu jeder Zeit
wachsam gehütet werden muss

Wer seine Freiheit achtlos aufgibt
hat nicht erfasst
welch ungeheures Potential
sie in sich trägt

~

# Von der Freude und dem Vergnügen

☆☆☆

Freude ist nicht Vergnügen

Vergnügen
dient der Entspannung
ist Lachen und Geselligkeit

Freude
kommt aus der Tiefe
deiner Seele hervor
und bewirkt die Regeneration
deiner Lebensenergie
und deiner mentalen Kraft

Diese Energie und Kraft
dieses tiefe, innere Erleben von Freude
ist gleichzusetzen
mit allumfassender Liebe

~

## *Von der Unvollkommenheit*

☆☆☆

*>Sünde< ist gleichzusetzen*
*mit Unvollkommenheit*

*Alle sind unvollkommen*

*Unvollkommenheit bewirkt*
*Gedanken und Handlungen*
*die Verwirrung, Angst*
*und Konflikte aller Art hervorbringen*

*Hier kommt es*
*entscheidend darauf an*
*nicht den Finger in Wunden anderer*
*zu legen*
*nicht ihre Unvollkommenheiten*
*hervorzuheben*
*sondern*
*sich in seinem Inneren*
*auf die Wahrnehmung*
*von >Vollkommenheit< auszurichten*
*täglich*
*ohne Unterlass*

*Hieraus entsteht Wandlung*

~

## *Vom Licht der Erwachten*

☆☆☆

*Moses*
*ist aus dem Licht des erkennenden*
*Sehens in Liebe*
*gekommen*

*Buddha*
*ist aus dem Licht des erkennenden*
*Sehens in Liebe gekommen*

*Jesus*
*ist aus dem Licht des erkennenden*
*Sehens in Liebe gekommen*

*Mohammed*
*ist aus dem Licht des erkennenden*
*Sehens in Liebe*
*gekommen*

*Glaubt nicht*
*dass es einen Unterschied*
*im Licht*
*des erkennenden Sehens in Liebe gibt*

*Sie alle sind Erwachte*
*geboren aus demselben Licht*
*aus derselben Erkenntnis*
*zum Segen für alle fühlenden Wesen*
*in der Einheit des Geistes*
*welcher größer und weiter ist*
*als alles Denken*
*Fühlen und Glauben*

~

## *Von der Reinheit*

☆☆☆

*Rituelle Waschungen*
*sind in ihrer Symbolik*
*sehr bedeutend*

*Das Taufwasser*
*ist in seiner Symbolik*
*sehr bedeutend*

*Die österliche Fußwaschung*
*in der katholischen Kirche*
*ist in ihrer Symbolik*
*sehr bedeutend*

*Jedoch müssen solchen*
*äußeren Formen*
*aktiv*
*die inneren folgen*

*Reinheit besteht dauerhaft*
*nur von innen her*
*Sie umfasst und übersteigt*
*alle Gedanken – alle Worte – alles Tun*

*Der innerste Kern aller Lebewesen*
*ist diese Reinheit*

*Übe täglich für einige Minuten*
*deinen eigenen >Reinheitskern<*
*von innen her zu visualisieren*
*und mit deinem tiefsten Fühlen*
*zu erfassen*
*damit er wirksam werden kann*
*in deinem eigenen*
*und im Leben anderer*

~

## *Vom neuen Bewusstsein*

☆☆☆

*Flügel haben wie die Engel bedeutet*
*in einer anderen Wirklichkeit*
*im erwachten Zustand zu sein*
*Alle*
*die dauerhaft in dieser Wirklichkeit*
*sind*
*sind Gemeinschaft im Geiste*
*sind eins, wie der Vater und der Sohn*
*im Geiste eins sind*

*Das Leiden Jesu*
*ist Ausdruck*
*seines erkennenden Sehens*
*dass viele Menschen*
*in ihrem Bewusstsein*
*durch ablenkende Zentrifugalkräfte*
*weit entfernt sind*
*von innerer Erkenntnis*
*und innerem Erwachen*

*Das unbewusste Leiden ihrer Seelen*
*ist größer*
*als jeder äußere Schmerz*
*den Körper erleiden können*

*Erwache aus diesem Zustand*
*der Unbewusstheit*
*indem du deine Seele*
*auf eine erwachte Seele ausrichtest*

*Suche mit deinem Herzen*
*und du wirst finden*

~

## Von den Staatsgebilden und der Freiheit

☆☆☆

»Wer Europa hat
hat die Welt«
sagt XI Jingping in China

aber
in Europa und
vielen anderen Staaten
steckt ein unsichtbarer Virus

Man kann versuchen
diesen Virus zu übergehen
dieses Übergehen heißt Lüge

Man kann versuchen
diesen Virus zu irritieren
dieses Irritieren heißt Kanalisierung

Man kann versuchen
diesen Virus zu bekämpfen
diese Bekämpfung heißt
systematische Beeinflussung

*und dennoch bleibt er virulent*

*Dieser Virus heißt*
*F R E I H E I T*

*Auch wenn dir deine persönliche*
*Freiheit im Moment*
*noch so klein erscheinen mag*
*bewahre sie mit allen Mitteln*
*die dir zur Verfügung stehen*
*denn sie ist Teil*
*deines bewussten Seins*
*deines Mensch-seins*
*deiner Würde*
*und daher absolut*
*not-wendig*

~

## *Vom Sterben*

☆☆☆

*Sterben ist nichts anderes*
*als unsere Rückkehr*
*in die Formlosigkeit des Geistes*
*aus der wir*
*in diese Wirklichkeit*
*gekommen sind*

*Sterben ist einfach*
*das völlige Loslassen der Materie*
*das Eintauchen*
*in die Substanzlosigkeit*

*welches wiederum völlige Entlastung*
*und vollkommene Freiheit ist*

~

## *Von der Beschaffenheit des Erkennens*

☆☆☆

*Erkennen*
*ist nicht Wissen*

*Erkennen ist unvergleichlich größer*
*weiter und tiefer*
*Es ist das Erfassen der Essenz*
*im Augenblick*

*Erkennen trägt Vergebung in sich*

*Vergebung trägt tiefe Liebe*

*Liebe trägt das Leben*
*in seiner ganzen Fülle*

*Daher bemühe dich täglich*
*um die Erweiterung deiner Erkenntnis*

~

# *Vom Sinn des Ausharrens*

☆☆☆

*Die ganze Tragweite*  
*von >ausharren<*  
*in seiner Tiefenwirkung*  
*erfasst du nach und nach*  
*wenn du bei denen bleibst*  
*die dir schwierig erscheinen*

*Nimm sie an als*  
*dir >Zugeführte<*  
*als Herausforderung*  
*die dich von innen her*  
*täglich stärker macht*  
*indem sie dir hilft*  
*deinen Geist zu erweitern*  
*schrittweise*  
*vom >Ich< zum >Du<*

~

## Von der Verantwortung

☆☆☆

Nicht die Weltreligionen
ihre Kirchen
und die verschiedenen
Glaubensgemeinschaften
sind Gebende
und wir sind Nehmende

Nicht die Staaten der Welt
die Länder und Kommunen
sind Gebende
und wir sind die Nehmenden

Nicht die Gelehrten, die Berühmten
die Einflussreichen und Populären
sind Gebende
und wir sind Nehmende
sondern
alle
sind Gebende und Nehmende

Jeder Einzelne
im positiven
wie im negativen Sinne

*Bemühen wir uns daher täglich*
*um das konstruktive*
*und möglichst gute Tun*

*Dies sind die wichtigen Mosaiksteine*
*des Gesamten*

*Unterschätzt nicht eure jeweils*
*eigene wichtige Rolle*
*als Gebende und Nehmende*

*Ohne das ernsthafte positive Zutun*
*von allen*
*ist das Gesamtkunstwerk*
*>Menschliche Gesellschaft<*
*nicht im Gleichgewicht*

~

## *Von der Angst*

☆☆☆

*Es gibt eine Korrelation zwischen*
*Denken und Angst*
*Angst und Habgier*
*Angst und Unachtsamkeit*
*Angst und Rücksichtslosigkeit*
*Angst und Ablehnung*
*Angst und unsozialem Handeln*
*Angst und Feindseligkeit*
*Angst und Lüge*
*Angst und Arroganz*
*Angst und Niedertracht*
*Angst und Gewalt*
*Angst und Krieg*
*Angst und Tod*

*Deshalb*
*nehmt sie bewusst wahr*
*eure persönliche Angst*
*jeden Tag ein paar Minuten*
*sodass sie nach und nach kleiner wird*

*Dieser Vorgang führt zum Loslassen und Freisein*

~

## Vom Beten

☆☆☆

*Wenn du dich niederwirfst*
*wenn du betest*
*wenn du rezitierst*
*wenn du zelebrierst*
*so konzentriere dich nicht*
*auf eine Person*
*nicht auf eine Wesenheit*
*sondern auf die Erleuchtung selbst*
*auf das für alle fühlenden Wesen*
*gültige, unendliche, allseiende*
*reine Licht*
*welches durch*
*die Kulturen und*
*die Geschichte der Völker dieser Erde*
*lediglich verschiedene*
*Erscheinungsformen angenommen hat*

~

## *Von der inneren Not*

☆☆☆

*Durch innere Not*
*entsteht Erkenntnis*

*Sich nicht erwehren*
*und sie bekämpfen*
*sondern die Erkenntnis*
*täglich anschauen*
*und versuchen sie zu nutzen*

*So führt innere Not*
*zur Erweiterung*
*unserer Fähigkeiten*

~

## *Vom Leiden und der Kraft*

☆☆☆

*Alles, was dir widerfährt*
*hat mit dem Erkennen*
*deiner inneren Kraft zu tun*

*Das Erleiden im Außen*
*und auch im Inneren*
*ist reziprok*
*zur Blockierung dieses Kraftflusses*

*Finde heraus*
*was oder wer das Fließen*
*deiner inneren Kräfte blockiert*
*Umstände - andere Menschen -*
*du selbst ...*
*wodurch du*
*in einem*
*für dich*
*schädlichen Bewusstsein*
*festgehalten bist*

*Nur*
*das Fließenlassen*
*und das Verströmen*
*deiner segensreichen inneren Kräfte*
*macht und hält gesund*
*und verleiht menschliche Würde*

~

## Von der Schönheit

☆☆☆

*Schönheit*
*kommt aus deinem Geist*
*aus deinen Gedanken*

*Sie wird verstärkt*
*durch die wachsende Reife*
*deiner Seele*

*Alles andere*
*ist adrett - smart - hübsch - netl -*
*sexy - interessant - modisch ...*

~

## Von der Kleingläubigkeit

☆☆☆

»Was der Mensch denken kann
kann er auch vollbringen«
sagt Wernher von Braun

Alle Kräfte sind in euch

In innerer Betrachtung
ihrer inne werden
völlig entspannen
und sie in großer innerer Weite
sehen und fühlen
ist unsere erste Aufgabe

Kontemplationsmöglichkeit:

Sehe dich täglich
für zehn Minuten
reiten über ein weites offenes Land
in lauer Luft ohne Widerstand

*dies bringt deine Emotionen*
*und dein Denken*
*in ein harmonisches Fließen*
*und damit dich deinen eigenen*
*inneren Kräften näher*

~

## *Von der Klarheit des Seins*

☆☆☆

*Im reinen inneren Licht*
*gibt es nichts*
*als das aus tiefer Weisheit*
*und allumfassender Achtung*
*geborene*
*erkennende Sehen in Liebe*

*Im reinen inneren Licht*
*gibt es*
*keine Täuschung des Bewusstseins*

*Im reinen inneren Licht*
*gibt es*
*keinen Zorn und keine Aggression*
*keinen Schmerz und keine Trauer*
*keine Begeisterung*
*keinen Enthusiasmus*
*keine Eifersucht ...*
*sondern nur*
*das ausschließliche Sein in Liebe*

~

# Vom Verletzen

☆☆☆

Verletzendes Verhalten
von dem Einem
führt zu Vertrauensverlust
auf beiden Seiten
Es führt zu
negativ verändertem Verhalten
beim Verletzten
und beim Verletzenden selbst

Bei fortgesetzten Verletzungen
verstärkt und vertieft sich
dieses veränderte Verhalten
auf beiden Seiten
mit all seinen Konsequenzen

Daher sei sehr wachsam
und versuche möglichst
nicht
zu verletzen

Wenn du verletzend bist
bitte um Vergebung
damit innere Wunden heilen können

*Wenn du bewusst verletzend*
*also boshaft sein* ***willst***
*wisse*
*dass dich dieses Verhalten*
*auf Dauer selbst*
*in dunkle und schmerzhafte*
*Erlebniswelten führen wird*

~

# *Von der Verwirrung und der Trauer*

☆☆☆

*Du musst die Angst*
*deine Verwirrung und deine Trauer*
*nicht alleine tragen*
*Du kannst sie*
*durchreichen und abgeben*
*an dein klares inneres Licht*
*welches von jeher in dir ist*
*welches du aber durch Unbewusstheit*
*„vergessen“ hast, dir anzuschauen*

*Wenn du dich immer wieder*
*für kurze Zeit*
*in konzentrierter*
*beharrlicher Hinwendung und Schau*
*deinem inneren Licht zuwendest*
*wird dies*
*wie in einem physikalischen Prozess*
*deine Angst*
*deine Verwirrung und deine Trauer*
*mit der Zeit*
*völlig verändern und auflösen*

~

## *Vom Glück*

☆☆☆

*Glück*
*ist nicht besitzen*

*Glück hat zu tun*
*mit der stetigen Erweiterung*
*deines Bewusstseins*

*Diese Erweiterung hat*
*mit ausdauerndem Lernen zu tun*

*Dieses Lernen hat wesentlich*
*mit der Zuwendung*
*zu anderen zu tun*
*denn nur im Gegenüber*
*kannst du dich selbst erkennen*
*was wiederum dein tiefstes Glück ist*

~

# Vom guten Ziel

☆☆☆

Mit drei Jahren
den wichtigen Vater
zunächst verloren
weil er weggegangen wurde
Mit vier Jahren
ins Kinderheim gekommen
in drei Internaten
und sieben Schulen gewesen
weil großer ideologischer Streit war
zwischen den Eltern
mehrmals gestrauchelt

In tiefem seelischen Unglück
in den 1960er und 70er Jahren
des Aufbruchs und des Umbruchs
zugebracht
aber nie – zu keinem Zeitpunkt –
das gute Ziel
das klare innere Licht
aus den Augen und
aus dem Fühlen verloren

*Wenn du unglücklich bist*
*bemühe dich*
*ohne Unterlass*
*das klare Licht in deinem Innern*
*wahrzunehmen*
*welches immer da ist*

*trotz allem*

~

## *Von wahrer Liebe*

☆☆☆

*Denke dabei nicht an Sex*

*Viele gesellschaftliche Gruppen*
*sind sexlastig*

*Denke nicht an Verliebtsein*

*Verliebtsein ist ein Traumgebilde*
*eine Projektion*
*ein Wunsch-Denken*

*Das Oberflächliche in dir*
*produziert häufig*
*Traumwelten und Traumgefühle*

*Die Liebe aber*
*liebt das Echte und Wahrhaftige*
*in seinen ganzen Konsequenzen*
*und beginnt in der Tiefe*
*deiner Seele*

~

## Vom Leid und dem Glück

☆☆☆

Durch das Leid
kommst du auf deinen Geist
der immer schon ist

Durch den Geist
kommst du zur Erkenntnis dessen
was ist

Durch deine Erkenntnis
kommst du zu dem Wissen
wie alles zusammenhängt
kommst du zum Annehmen
und zum Loslassen
von allem was ist

Deshalb ist das Leid
dein Freund
dein Helfer
dein Glück

~

## *Von dir selbst*

☆☆☆

*Sei dir bewusst*
*dass alle Möglichkeit*
*bereits tief in dir ist*
*von niederen Impulsen*
*wie Habgier - Neid - Eifersucht*
*Stolz - Hass ...*
*bis hin zur reinen Liebe*
*zur höchsten geistigen Erleuchtung*
*und der Erkenntnisfähigkeit*
*des Seins an sich*

*Wenn du diese Spannung*
*in der Tiefe deines Herzens erkennst*
*und annimmst*
*und so sein lässt*
*kannst du dich bewusst und frei*
*für das Gute*
*das Helle*
*das Schöne*
*entscheiden*

*Du verstehst dann zutiefst*
*alle Lebewesen in ihrem So-sein*
*und kannst erkennen*
*schützen und begleiten*
*und willst nichts anderes mehr sein*
*als Liebe, Schutz und Begleitung*
*für dich selbst und alle*
*auf dem Weg zum Licht*

~

## *Von der Gedankenlosigkeit*

☆☆☆

*Gedanken–los*
*loslassen*
*ohne Gedanken*
*im Jetzt sein*

*Keine Gedankenkonstruktionen*
*in die Zukunft*
*Keine Gedankenkonstruktionen*
*in die Vergangenheit*

*Gedanken–los*
*im Jetzt sein*
*bewusst sein*
*im Hier und Jetzt*
*Achtsamkeit*
*für genau diesen einen Moment*

*Freude*
*Frieden*
*Gelassenheit*
*Freiheit*

~

# Vom neuen Geist

☆☆☆

Warum ist Jesus
im Büßergewand gekommen
ohne Besitz
ohne Ansehen
ohne äußere Macht
ohne familiäre Identität
Weil jeder Einzelne von uns
unabhängig davon
eine ganz eigene
wichtige Bedeutung
im Großen und Ganzen hat

Wenn sich also einer größer macht
muss ein anderer kleiner werden
Gesetz des Ganzen
Wenn sich einer größer macht
löst er bei dem
den er kleiner macht
Angst, Trauer, Eifersucht
Neid, Verzweiflung oder Hass aus

*Denn alle sind*
*gleichermaßen wichtig*
*in ihrer Bedeutung*
*für das große Ganze*
*auf ihre ganz eigene Art*

*Deshalb achtet euch und*
*seht euch gegenseitig*
*von innen her*

*Dies ist Weisheit*
*zum Frieden*

~

## *Von der rechten Anschauung*

☆☆☆

*Alle Verwirrung*
*ist aus der falschen Anschauung*
*geboren*

*Alle Trauer*
*ist aus der falschen Anschauung*
*geboren*

*Alle Schmerzen*
*sind aus der falschen Anschauung*
*geboren*

*Alle Gewalt*
*ist aus der falschen Anschauung*
*geboren*

*Alle Ohnmacht*
*ist aus der falschen Anschauung*
*geboren*

*weil alle Erfahrungen*
*Teil deiner Bewusstwerdung sind*

*Einzig*
*dein stetiges Bemühen*
*um deine innere*
*Unterscheidungsfähigkeit*
*zwischen dem Hilfreichen*
*und dem Schädlichen*
*ist der heilsame Weg*

*SÜNDE*
*ist das bewusste sich Abwenden*
*vom aufrichtigen Bemühen*

*DAS BÖSE*
*ist das bewusste sich Abwenden*
*vom heilsamen Weg*
*und damit von*
*der rechten Anschauung*
*die vollkommene Befreiung ist*

~

## Von Leistung und Effizienz

☆☆☆

Es geht nicht
um Leistungsmaximierung per se
Es geht um alle
welche guten Willens sind in
Mühe – Anstrengung –
Ausdauer – Einsatz
entsprechend dem
was dem Einzelnen möglich ist
an jedem Tag
in jeder Stunde
in jeder Minute
in jeder Sekunde
mit der Zielrichtung
des Heilsamen – Aufbauenden –
Hilfreichen

Wenn du die Maßstäbe betrachtest
siehst du
dass sie sich verschoben haben

Betrachte deshalb die Natur
die symbolisch zeigt
was zu tun ist

Sie ist einfach da
verschenkt sich
verströmt sich

Ihre Effizienz
ist die Effizienz
ihr Überleben zu sichern
nicht die Effizienz von Profitgier
mehr haben zu wollen
als sie braucht

Hierin liegt
der elementare Unterschied

~

## Von deinem Licht

☆☆☆

Wenn du
in die Stille hinein horchst
hörst du
alle Wesen warten auf Erlösung

Erkenne deinen eigenen Auftrag
und wende dich täglich
für einige Minuten
deinem inneren Licht zu
indem du es wahrnimmst
und hilf so mit
Wege zu weisen
heraus
aus der geistigen Unbewusstheit
aus der geistigen Verwirrung
aus der geistigen Finsternis
für alle
die danach suchen

~

# *V I S I O N*

## *Die erweiterte Dimension*

☆☆☆

*In der erweiterten Dimension*
*zählt nicht*
*die Bewegung,*
*sondern die innere Sammlung*

*da zählt nicht*
*das Auf und Ab des Lebens*
*sondern die Unerschütterlichkeit*

*da zählt nicht das Verstandeswissen*
*sondern die Weisheit*

*da zählt nicht*
*das Besitzen*
*sondern das Loslassen*

*da zählt nicht das Erreichen*
*sondern das Verwirklichen*

*da herrscht nicht Angst*
*und geistige Unwissenheit*
*sondern Klarheit*

*da herrscht nicht Zwietracht*
*und Missgunst*
*sondern Zurückhaltung und Achtung*

*da herrscht nicht*
*Empathielosigkeit*
*sondern Einfühlung*

*da herrscht nicht Ich-Sucht*
*sondern Zuwendung*

~

# NACHWORT

## KLEINER LESETIPP

Halte morgens oder abends in einer stillen Minute das Buch für einen kurzen Moment einfach zwischen deinen Händen und schlage dann eine beliebige Seite auf.
Der Text, den du vorfindest, hat in diesem Moment auf geheimnisvolle Weise mit dir selbst etwas zu tun.

Die Autorin

Wenn einer der Texte
dein/Ihr Herz berührt,
freue ich mich über
eine Mitteilung unter:

E-Mail: aurora-sophia@gmx.net

# Mein Dank

gilt meinem Mann
(+ 05.06.2016)
und meinen Kindern,
sowie Udo für ihre wichtigen
Anregungen, ihre treue Begleitung
und mentale Unterstützung.

Mein Dank gilt außerdem dem Team
des Rediroma-Verlages, insbesondere
dem Verlagsleiter Daniel Bieter für
seine freundliche und ausdauernde
Hilfestellung, welche an der Entstehung
des Buches großen Anteil hat.

Annette A. S. Pauly